Kauderwelsch

Band 50

Kauderwelsch

DDR-Slang
das andere Deutsch

Elke Becker
Ute Nestler

Kauderwelsch Band 50
DDR-Slang, das andere Deutsch
von Elke Becker und Ute Nestler

Peter Rump Verlags- und Vertriebsges. mbH
Hauptstr. 198
D-4800 Bielefeld 14

1. Auflage 1990
ISBN 3-89416-242-2

Konzeption und Bearbeitung:
Peter Rump

Gesamtgestaltung:
Peter Rump

Fotos:
Burkhard Städter,
Elke Becker

Sonstige Abbildungen:
zitiert werden Cartoons aus Zitty, Berlin;
Eulenspiegel, Ost-Berlin; sonst Archiv P. Rump

Lithos, Druck, Bindung:
Fuldaer Verlagsanstalt GmbH, Fulda

PRINTED IN GERMANY

Inhalt

Vorwort 7

Sächsisch 12
SED und Stasi 24
Polit-Slang 27
- bereits ausgestorben 28
- im Betrieb 29
- Schule/Uni/FDJ 34
- auf dem Lande 35
- Abkürzungen 36

die lockere Sprache des Alltags 39
- Armee 39
- Arbeit 41
- Polizei 43
- Gastronomie 44
- Einkaufen 52
- Geld 56

Autos/Motorräder 57
Unterwegs 62
- Bauwerke und Orte 63

Demo-Sprüche 64
Alltag 67
elchisch, keimig, absolut 68
- Körperteile 70
- Beschimpfungen 71

Zwischengeschlechtliches
- Er über sie 75
- Sie über ihn 76
- und sonst noch 76

Anhang

weiterführende Literatur 77
Register 82
über die Autorinnen 96

Zum Geleit

Liebe Leser,

auch für die Lektüre dieses Buches bitten wir Sie, zu bedenken, was für die Slang-Bücher der anderen Sprachen gilt: Es ist selbstverständlich, daß beleidigende, beschimpfende oder diskriminierende Ausdrücke in dem Buch nichts mit unserer Einstellung zu tun haben. Es liegt ausdrücklich nicht in unserer Absicht, daß solcherlei Ausdrücke verwendet oder verbreitet werden. Wir haben Sie mit aufgelistet, weil es sein kann, daß man ihnen begegnet, und verstehen sollte man, was man hört. Diese Sammlung ist nicht vollständig.

Vorwort

WAHNSINN

war **das** Wort des Jahres 1989 in der DDR:

Ein kurzer Rückblick: Die Machtapparate der einzelnen sozialistischen Länder beginnen - dank Gorbatschow - unter dem Druck der Reformen zu zittern.
Der Vorreiter Ungarn öffnet seine Grenze nach Österreich, die DDR-Bürger - bekannt für Kollektivgeist - nutzen die Gunst der Stunde und wandern im wahrsten Sinne des Wortes wegen berechtigter Trost- und Hoffnungslosigkeit zu -zig Tausenden durch dieses Schlupfloch aus, die Daheimgebliebenen erheben sich friedlich, aber unerbittlich zu Demonstrationen ungeahnten Ausmaßes. Die SED zückt in letzter Hoffnung auf Beschwichtigung ihren kostbarsten Trumpf: Sie läßt einen Spitzenfunktionär die Öffnung der Grenzen verlesen. Dieser reagiert ebenso verwirrt und ungläubig, wie das Volk, für das diese Information bestimmt war... Oder hatte man ihm einfach nur den falschen Zettel gereicht?

Noch in derselben Nacht beginnt die Invasion der Trabbis auf bundesdeutsches Gebiet. Auf der Berliner Mauer wird getanzt, an provisorischen Übergängen zwischen beiden Ländern winken DDR-Grenzer - an kleinen Holztischen im Freien plaziert - ihre Landsleute einfach lächelnd durch.

Wann und wo auch immer man diese Reisenden befragt, ihre glänzenden Augen und ihr unbeschreibliches Glücksgefühl kennen nur eine Antwort: **'Wahnsinn! Einfach Wahnsinn!'**

Doch normalerweise ist der Wortschatz eines DDR-Bürgers etwas reicher:
Deshalb widmet sich dieser Kauderwelsch-Band den leisen, sowie den lauten und oft lustigen Besonderheiten der 40-jährigen DDR-Sprachkultur. Zur Einstimmung einige Beispiele aus verschiedenen Bereichen:

regimeeigene Stilblüten aus

- Wirtschaft:	**VEB Erdmöbel** (volkseigene Sargtischlerei)
- Politik:	**Kundschafter des Friedens** (offizielle Bezeichnung für Spione, die für die DDR arbeiten)
- Alltag:	**Frühjahrsschokoladenhohlkörper** (Schokoladen-Osterhase)

'volkseigener' Humor in Sachen Sozialismus aus

- Wirtschaft:	**Urwaldschmiede** (veralteter Betrieb)
- Politik:	**Gummiohr** (Staatssicherheitsmann)
- Alltag:	**Sterbehilfe** (Zwickauer Bier)

rein private Gassenhauer 'made in DDR'

Du hast wohl 'n Ding an der Glocke
(Du bist ganz schön blöd)

Kusselperle
(tolle Frau)

und last but not least ein genießerischer Streifzug durch das Sächsische

Bäbbermumbe
(Schmodder, Schlamm)

fürzeln
(hin- und hersausen)

> HOHLSPIEGEL
>
> Aus der *Welt am Sonntag*: „Amerikanischen Soldaten an der Grenze zu Ostdeutschland ist nun erlaubt, Menschen auf der anderen Seite zuzulachen und zu grüßen – aber nur dann, wenn die Ostdeutschen als erste gegrüßt haben. Zuvor war den Soldaten befohlen, keine Miene zu verziehen, weil sonst vielleicht ein internationaler Schußwechsel die Folge gewesen wäre.“

Die momentane, rasante und wahrhaft historische Entwicklung in der DDR hat natürlich auch Einfluß auf die Sprache:

Welche der hier aufgeführten Begriffe 'überleben' werden, welche vom 'Aussterben bedroht' sind, und was neu hinzuzufügen sein wird, das wird die Zukunft zeigen.

Nur soviel ist klar: 40 Jahre DDR-Sprachkultur lassen sich nicht einfach hinwegfegen. Wieso auch - es wäre schade drum!

So soll dieses Buch

- zum einen dazu dienen, Freunde und Verwandte in/aus der DDR besser verstehen, tiefgehender befragen und gegebenenfalls auch leichter hinterfragen zu können,

- zum anderen hilft es, "DDR-Entdeckern", die sich ein erstes Mal in dieses Land begeben, mit den sprachlichen Besonderheiten dort "drüben" vertraut zu machen,

- vor allem aber soll es Spaß machen, auf einfache und bequeme Art und Weise etwas über den Slang des 'anderen Deutschlands' zu erfahren

▶ Im **Anhang** dieses Buches sind alle Ausdrücke, die vorkommen, noch einmal stichwortartig und alphabetisch geordnet aufgelistet. Die Seitenzahl dahinter gibt an, wo das Wort erwähnt wird und demnach auch die Übersetzung steht. Hört man z.B. den Ausdruck *"Du bist so dumm wie 'ne Malfa-Dreie!"*, findet man unter *"Malfa-Dreie"* die entsprechende Seite.

Genußvolles Lesevergnügen wünschen die Autorinnen.

Februar 1990

Sächsisch

Das Exotischste, was die DDR in Sachen Sprache zu bieten hat, ist wohl das Sächsische. "Aber das ist doch kein Slang, sondern ein Dialekt!" hören wir den Leser sagen. Richtig, obwohl wir mehr dazu neigen, es als selbständige Sprache zu betrachten.

Aber, viele sächsische Ausdrücke kann man überall in der DDR hören, und nicht zuletzt sind sie unheimlich lustig. Also, fangen wir mit einer kleinen Einführung ins Sächsische an:

Hamm sä schon ä ma Sächs'sch gebabbeld? Ganz äfach:
Dä Ginnlade richdsch runnorhängn un dä Worde sachdä rausloofm lassn...

Sächsisch ist nicht nur Dialekt schlechthin. Sächsisch ist Lautgenuß und Lebensart. Und in dem Maße wie den Menschen anderer Landstriche Kühle und Zurückhaltung nachgesagt wird, so sind

Googln

die Sachsen im allgemeinen für ihre Gemütlichkeit und Warmherzigkeit ebenso bekannt wie für ihre Rede- und ihre Reiselust.

- Sprachgebiete lassen sich lediglich auf Landkarten mit Linien eingrenzen - die Realität sieht anders aus: in den Gebieten, in denen ein Sprachraum an einen anderen grenzt, kommt es eigentlich immer zu fließenden Übergängen und Mischformen.

- Der Sprachraum der sächsischen Mundart ist so groß, daß diese sich in viele einzelne Mundartvarianten, wie z.B. das erzgebirgische, das voigtländische oder das lausitzsche Sächsisch unterteilen ließe. Da sich diese Varianten aber weniger in charakteristischen Worten, als vielmehr in der unterschiedlichen Lautformung äußern, wollen wir in diesem Buch nicht näher darauf eingehen - zumal bundesdeutsche Ohren meist nichteinmal die angrenzende thüringische Mundart von der sächsischen unterscheiden können...

noosch

Zunächst einmal zum Eingewöhnen eine kleine Sammlung

Hauptwörter

Asch, der	Gefäß, Schüssel
Aschkuchen, der	Napfkuchen
Ärdäbbl, der	Erdapfel, Kartoffel
Babuuschen, die	Hausschuhe
Babberschmatz, der	lustige Bezeichnung für Brei
Bandidln, die	Pantoffel
Basbrich, der	überflüssiges Geschwätz (mündlich und auch schriftlich)
Blämbe, die	zu dünn geratener Tee oder Kaffee
Dachdl, die	Ohrfeige
Demelee, das	lauter Streit (viel Lärm um nichts)
Fläbbe, die **Flunsch, der**	weinerlich verzogener Mund
Furzer, die	Männerunterhose
Gacksch, der	Spaß, Unfug
Googlmoosch, der	Quatsch, Mist, wertloses Zeug
Habschn-Babschn, das	das wenige, was man besitzt
Ra-zieh-glas, das	Fernglas (Ranziehglas)
Hi-tra-brettl, das	Tablett (Hintragebrett)
Hitsche, die	kleine Fußbank
Hosenküche, die	Reißverschluß an der Hose (Hosenstall)
Huscher, der **Husche, die** **Hudel, der/das**	kleiner Regenschauer

Nubbel, der	Babynuckel
Nutsch(i), der	
Mäbse, die	Straßendreck, Schmodder
Mumpe, die	Schlamm, Dreck
Päppermumpe, die	
Massel, der	Glück
Mauke, die	Lust
Make, die	
Mänkänke, die	Quatsch, Schwindel, Umstände
Merks, der	Gedächtnis
Moosch, der	Reste (s.o. **Googmoosch**)
Mumanz, der	mit ihm droht man kleinen Kindern (ähnl. Schwarzer Mann)
Murks, der	mißratene Arbeit
Muzel, das	Fussel
Plättbrett, das	Bügelbrett
Schlaatz, der	Riß
Schwummse, die	Prügel, Schläge
Spärrenzchen, die	Schwierigkeiten, Einwände
Wäscheasch, die	Schüssel für Handwäsche

dän Flunsch ziehn, nä Fläbbe ziehn
beleidigt sein

Där Haksch macht bloß Gacksch!
Der Typ macht nur Unfug!

So'n Googlmoosch!
Das glaubst Du doch selbst nicht!

Pack dei Habschn-Babschn und nu gomm!
Nimm deine 7 Sachen und komm jetzt!

Nu gib'm sei Hudl!
Nun gib dem Kind doch den Schnuller!

Zieht dä Gummistiefl nan, haussen is nä fädde Mäbse!
Zieht die Gummistiefel an, draußen ist es schlammig!

So nä Mumbe nach 'm Räächn!
Die ganze Straße ist vom Regen aufgeweicht!

Hast du än Massel!
Hast du ein Glück!

Darzu hab'ch iborhaubt geen Massel / geene Make
Dazu hab ich überhaupt keine Lust!

Där ganze Moosch muß wäg!
Das muß alles aufgeräumt werden!

Wänn dä nich folchst, gommt där Mumanz!
wenn du nicht folgst, kommt der Schwarze Mann!

S' gibd glei Schwummse!
Ich verhau dich gleich!

Där had velleicht n Merks!
Er hat ein wirklich gutes Gedächtnis!

Geene Mänkänke!

Lüg mich nicht an! Mach mir nichts vor!

oder auch:

Machen Sie sich doch bitte wegen uns keine Umstände!

Was nä färschdärlische Blämbe!

Der Kaffee ist viel zu dünn!

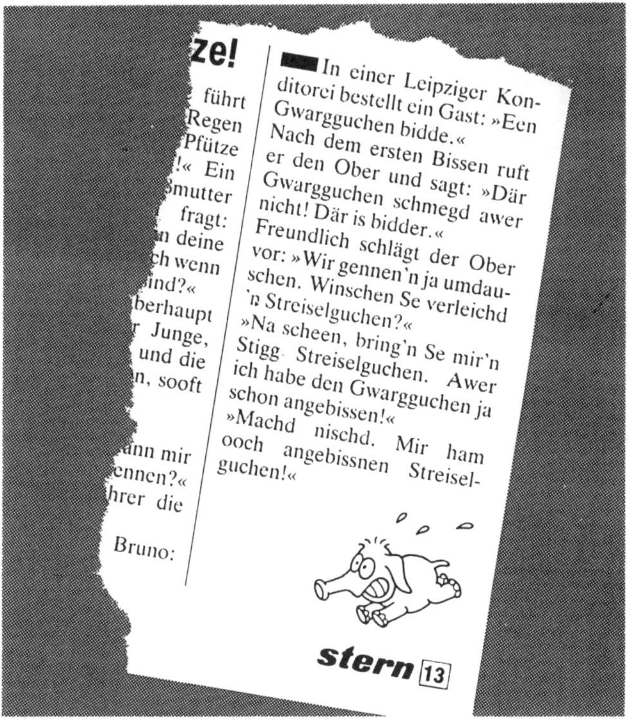

ze!

führt
Regen
Pfütze
!« Ein
ßmutter
fragt:
n deine
ch wenn
ind?«
berhaupt
r Junge,
und die
n, sooft

ann mir
ennen?«
hrer die

Bruno:

In einer Leipziger Konditorei bestellt ein Gast: »Een Gwargguchen bidde.« Nach dem ersten Bissen ruft er den Ober und sagt: »Där Gwargguchen schmegd awer nicht! Där is bidder.« Freundlich schlägt der Ober vor: »Wir gennen'n ja umdauschen. Winschen Se verleichd 'n Streiselguchen?« »Na scheen, bring'n Se mir'n Stigg Streiselguchen. Awer ich habe den Gwargguchen ja schon angebissen!« »Machd nischd. Mir ham ooch angebissnen Streiselguchen!«

stern 13

Und weiter geht's mit

Verben

abkräbln	sterben
abputzen	Häuser verputzen
andalfern, jmd.	jmd. anfassen
sich anhübschen	sich schön anziehen
babbeln, Babeln	plaudern
baddalschen	schleppen (aus frz.: *bataille*)
bedebbert sein	betroffen, kleinlaut sein
büschen	ein Kind auf dem Arm wiegen
dinge nei machen	die Straße runtergehen
dinge num	um die Ecke
draaschen	regnen
dudeln	schlechte Musik machen oder hören
einrennen, sich etw.	sich stoßen
ermäckern	mit letzter Kraft schaffen
fänsen	grundlos heulen
fetzen	rennen
fisbrich sein	aufgeregt sein
gäfern	sabbern
grätig sein	gereizt oder zornig sein
grädsch machen	schlapp machen
dä Grädsche machen	schlappmachen, aufgeben
didschen	etwas eintunken
heauf	munter, lebhaft
hinmachen	sich beeilen
ietzsch sein	nervig sein

illern	gucken
käbisch sein	mäkelig sein
knaadschen	jammern, wehleidig sein
leiern	weinen, heulen
lostigern	loslaufen
lunzen	gucken
mähren	etwas nur sehr langsam machen
mausen	klauen
miefen	stinken
mischugge sein	verrückt sein
muksch sein	knurrig sein
muscheln	übel riechen
nuddeln (runter-)	liebloses Runterrattern von Musik oder Texten
pfitschnaß sein	völlig durchnäßt
poofen	pennen
quarken	labern, quatschen
rafeln	kratzen, schaben, schnarchen
rumfisbern	was aufgeregt suchen
rumgeigeln	dösen
rumquärgeln	drängeln, nerven
rumquästern	hin- und hersausen
rumtaudeln	dösen
rumrungsen	sich unverschämt benehmen
sabben	schlürfen
schlunzen	gucken
Schnubbe sein	egal sein
tambern, tämbern	herumdösen
traatschen	über andere reden

verbumfiedeln	verlegen, verlieren
verblämbern	vertrödeln
vergackeiern	verkohlen, veralbern
vermooschen	verräumen, nicht wiederfinden
verschneiden	Haare schneiden
verschwummsen	verhauen
verurschen	verschwenden
Weeß dr hoole!	das hätt ich nicht gedacht! Klar doch!

Nu quark ni so rum!
Red doch keinen Blödsinn!

Ei verbibbch!

Ausdruck des Erstaunens

Anreden:

Nu Meester! — so begrüßen sich älter Männer untereinander (Meister)

Mei Gutster!
Meine Gutste! — **freundliche Begrüßung im Raum Leipzig**

mißverständliches Sächsisch:

Butike	baufälliges Haus (frz. *boutique*)
Ficke	Hosentasche (veraltet)
fürzeln	hin- und hersausen
Nacksche Mädel (nackige)	Kartoffelpuffer
schwuchteln	ausgehen, schwoofen
wichsen	Schuhe blank putzen

Die Begriffe *Sächs-Girl* und *Sächs-Bombe* haben sich leider nicht durchsetzen können...

Wenn auch für ungeübte Ohren dieser Dialekt ersteinmal **'borborisch'** klingt, er hat Melodie und vor allem Tradition:

Der wohl berühmteste Sachse **'August der Starke'** (1670-1733), Kurfürst zu Sachsen, hat, so wird erzählt, die stattliche Zahl von 365 Kindern gezeugt. Eine sicherlich eigenwillige Bevölkerungspolitik. Die Unterhaltszahlungen dafür können jedoch nicht allzu hoch gewesen sein, denn immerhin leistete er sich gleichzeitig noch den Bau des Dresdener Zwingers ... oder sollte die weiße Masse, die sein Alchimist, **Johann Friedrich Böttger**, wiederein-mal erfolglos zur Golderzeugung zusammengerührt hatte, und die als erstes europäisches Porzellan noch heute unter dem Namen 'Meißner' weltberühmt und teuer ist, ihm schon damals das nötige 'Kleingeld' eingebracht haben ... ?

Noch heute sehen die kleinen Leute in Sachsen (wenn sie nicht in den Westen **'rübergemacht'** haben), vom guten Meißner recht wenig. Export, Export. Doch es gibt genügend Dinge, die sie in 40 Jahren SED-Regime mehr gestört haben als dies. Trotz allem, oder vielleicht auch auf Grund dieser wirtschaftlichen und politischen Widrigkeiten, hat sich (und dies nicht nur speziell in der sächsischen Mundart, sondern im Sprachgebrauch der gesamten DDR) ein so besonders tiefgründiger Humor entwickelt, ohne den die folgenden Kapitel unseres Buches nur halb so unterhaltsam wären.

Diese folgenden Kapitel sind nicht frei von weiteren rein-sächsischen Ausdrücken. Diese aber sind *nur dann* aufgelistet, wenn sie uns als in weiten Teilen der DDR allgemein gebräuchlich erschienen. Deshalb haben wir sie auch nicht gesondert gekennzeichnet.

Was wir allerdings gesondert gekennzeichnet haben, ist der Umstand, ob es sich nun um ein ernsthaft-offiziell gebrauchtes Wort handelt oder um einen ironischen Begriff. Denn die ernsthaft-offiziellen Begriffe, die oft umständlich lang und sinnleer bis blödsinnig sind, reizen mindestens ebenso oft zum Lachen wie die ironisch gemeinten. So folgt in Sachen Sozialismus und Politik ersteinmal ein Kapitel mit ironischen Begriffen und anschließend ein Kapitel mit offiziellen Begriffen aus diesem Bereich. Alle späteren Kapitel sind jeweils in die Rubriken 'Offizielles' und 'Slang' unterteilt. Denn niemand kann ahnen, so finden wir, daß z.B. **Stäbchenkartoffeln** der ernstgemeinte Ausdruck für Pommes Frites ist...

SED und Stasi

Volkseigenes in Sachen Sozialismus

Eine alte Weisheit besagt: je größer der politsche Druck, desto besser die Witze. So hat das SED-Regime mehr Belustigung im Volk hervorgerufen als es wissentlich jemals ertragen hätte. In diesem Sinne sind auch die folgenden ironischen Ausdrücke aus den verschiedenen Lebensbereichen zu verstehen, die hoffentlich bald nur noch Erinnerungswert haben werden:

Arbeiterstandbild bezeichnet jmdn., der an seinem Arbeitsgerät mehr lehnt als arbeitet

★ ★ ★

Apparatschik abwertende Bezeichnung für einen im SED-System bislang meinungs- und reibungslos funktionierenden Angestellten oder Funktionär (aus dem Russischen)

★ ★ ★

Berufsjugendlicher Funktionär in der FDJ (unterliegt keiner Altersgrenze)

★ ★ ★

Betonriege, -köpfe die alte Führungsgarde der SED

★ ★ ★

Bonbon Parteiabzeichen der SED
Kannibalenzeichen (da: zwei abgehackte Hände)
Märchenauge

★ ★ ★

falten gehen wählen

Bonbonträger **Frösi-Leser**	Genossen der SED (*Frösi* = Kinderzeitschrift)

★ ★ ★

das ist mir ein innerer Parteitag	schadenfrohe Feststellung eines Fehlers - nach dem Motto: das gönn ich dir!

★ ★ ★

Diskussionsbesamer	einer, der, auch wenn es schon längst nix mehr zum Thema zu sagen gibt, mit aller Kraft die Diskussion am Leben erhalten will

★ ★ ★

Faultierfarm	SED-Kreisleitung

★ ★ ★

GHG	Staatssicherheit *"Guck-Horch-Greif"*
die Firma	Ministerium für Staatssicherheit *(MfS)*
Memfis	

★ ★ ★

Gummiohr	Stasi-Mann

> Aufnahmeprüfung für Stasi-Männer:
> An die Decke springen und
> mit den Ohren festsaugen...

★ ★ ★

Ja-Sager	ironische Bezeichnung für Volkskammerabgeordnete

★ ★ ★

Hufu	ein 'Hundertfünzigprozentiger' SED-Getreuer

★ ★ ★

Kämpfer	alle, die hinter der alten Parteilinie standen

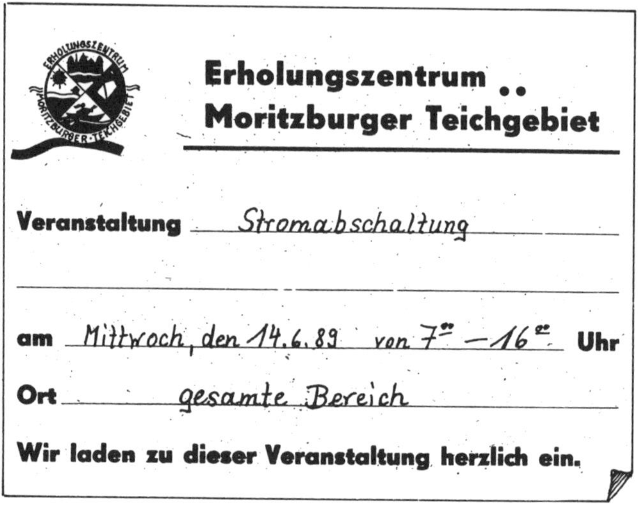

Erholungszentrum Moritzburger Teichgebiet

Veranstaltung Stromabschaltung

am Mittwoch, den 14.6.89 von 7⁰⁰ – 16⁰⁰ **Uhr**

Ort gesamte Bereich

Wir laden zu dieser Veranstaltung herzlich ein.

Natschalnik	Vorgesetzter (aus dem Russ.)

* * *

Prasdnik	sozialistischer Feiertag (z.B. *Tag der Republik)* aus dem Russischen

* * *

Rote Socke	überfleißiger SED-Funktionär

* * *

Rotlichtbestrahlung	unfreiwillige Politdiskussionen mit Vorgesetzten

* * *

Wendehälse	diejenigen SED-Mitglieder, die vormals als 'linientreu' bekannt, heute der Revolution nachlaufen

Polit-Slang von SED und Stasi

Dies ist eine Art kleine Bestandsaufnahme der 40-jährigen SED-Sprach'kultur' in den verschiedensten Bereichen.
Wieviele und welche der hier aufgeführten Begriffe überleben und welche nicht, wird die Zukunft zeigen...

kleine 'politische Sexualkunde':

Aufgebot von Jugendlichen	bedeuetet nicht "Massenhochzeit Minderjähriger", sondern die Tatsache, daß junge Leute wieder einmal zu einem Aufmarsch o. ä. hinbefohlen wurden
Bruderkuß	Begrüßungszeremoniell sozialistischer Staatsmänner
Organe	nichts Körperliches: Institutionen, Gruppen oder Personen, die staatliche Funktionen ausführen (z.B. bewaffnete Organe, Kreistag,..)
Komplex	wenn mindestens 2 Sachen zusammenkommen (siehe auch: **Komplexannahmestelle**)
Schund- und Schmutzliteratur	verbotene bundesdeutsche Regenbogenpresse

bereits ausgestorben

Vier Begriffe, die mit Sicherheit der Vergangenheit angehören, deren tiefen Sinn man sich aber ruhig einmal auf der Zunge zergehen lassen sollte:

antifaschistischer Schutzwall	Berliner Mauer

Arbeiter- und Bauernmacht	kann man nicht erklären
Kundschafter des Friedens	offizielle Bezeichnung für Spione, die für die DDR arbeiten
sozialistische Lebensfreude	offizielle Bezeichnung für 'Spaß'

im Betrieb

Agitprop	Funktionär für Agitation und Propaganda
Aktivist	Bestarbeiter
Arbeitererfinder	Pfiffikus, der seinen Arbeitsplatz in der Fabrik verbessert (aus dem Russischen übernommene Wortzusammensetzung)
Bauschaffende	Leute im Baugewerbe
Betriebskampfgruppe	wer sich weitestgehend vor freimüssiger Parteiarbeit rettet und trotzdem eine sozialist. Karriere im Kopf hatte, landete dort, um *"von seinem Arbeitsplatz aus den Frieden zu sichern"* Anrede: 'Genosse Kämpfer'
Brigade	Gruppe von Arbeitern einer Abteilung
Buchungsautomat	Computer
chemisieren	eine weitere schöne Wortkreation, die ans russische Vorbild anknüpft 'gezielter Vormarsch der Chemieindustrie'
Elaste	elastische Kunst- und Naturstoffe
EVA-Betrieb	**E**nergiewirtschaftlich **v**orbildlich **a**rbeitender Betrieb

Gegenplan Die staatl. Planvorgabe kann vom einzelnen Betrieb nach oben oder unten korrigiert werden. Beliebtes Spiel: Gegenplan setzt das Planziel herab, somit kann am Ende das Planziel erfüllt bzw. sogar übererfüllt (beliebtes Eigenschaftswort) werden, und es regnet dicke Prämien.

Havarie Schäden jeder Art

Kaderwelsch

Lektion 1: Wegloben

Ein Textverarbeitungsprogramm, das in keinem Kollektiv fehlen sollte.

Sie geben die ungeschminkte Beurteilung eines total unfähigen Kollegen, den Sie unbedingt loswerden müssen, um die dringendsten Planaufgaben erfüllen zu können, in den Rechner, laden von der Kassette „Kaderwelsch“, drücken „Return“, und schon zeigt der Monitor die erforderliche Beurteilung, die sie sodann in der gewünschten Anzahl ausdrucken lassen können.

Bei Anwendung von Kaderwelsch ist garantiert, daß Sie jeden, aber auch jeden Kunden loswerden, unabhängig vom Grad seiner Unfähigkeit wird er Ihnen mit Kußhand abgenommen. Vorsicht!

Unser Programm bietet keine Garantie, daß der Weggelobte nicht eines Tages Ihr Chef wird!

EULENSPIEGEL

Kader hat man nicht nach einer durchzechten Nacht, sondern nennt man Führungskräfte

Kaderabteilung = Personalbüro

Kaderakte = Personalakte

KaderleiterIn = PersonalchefIn

'Kaderwelsch' ironische Bezeichnung für Funktionärsjargon

Wie heißt die Kaderabteilung bei der Polizei? Flaschenannahmestelle

Kampfauftrag — dieses Schlagwort bringt immer Überstunden mit sich

Kombinat — Zusammenfassung möglichst vieler Betriebe einer Branche zu einem staatseigenen Konzern

MALIMO — Gewebeart für modisch total überalterte Bekleidungs- oder Dekostoffe

Objekt — Gebäude jeder Art

Plaste — Plastik

Q — höchstes Gütezeichen für DDR-Produkte

Subbotnik — kollektiver, unentgeldlicher Arbeitseinsatz (aus dem Russischen) 'freimüssige' Sonderarbeit

übererfüllen — wenn man einen Plan bekommt und den Gegenplan niedrig genug gestaltet, ist es ein Leichtes, das Soll überzuerfüllen

„Bitte keine Anrufe und kein Diktat, Chef!
Ich habe mit der FDGB-Kassierung zu tun!"

überholen ohne einzuholen Walter Ulbrichts Wirtschaftstraum in bezug auf die westliche Wirtschaft

Valuta Devisen

VEB Volkseigener Betrieb
VEB Erdmöbel staatliche Sargtischlerei
VEB Untertrikotagen staatlicher Schlüpferbetrieb usw.

Zweite Lohntüte offizielle Bezeichnung für staatl. Subventionen für Mieten, Preise für Grundnahrungsmittel, Kinderbekleidung, öffentliche Verkehrsmittel usw. – die fällt mit der Einführung der sozialen Marktwirtschaft jetzt weg...

Jahresendprämie offizielle Bezeichnung für 13. Monatsgehalt

Absolventenlenkung	automatische aber auch zwangsweise Arbeitsplatzvermittlung nach Studienabschluß (für 3 Jahre bindend)
Blauhemd	FDJler
Fahnenappell	in jeder Schule für alle Schüler morgens regelmäßige Veranstaltung - inzwischen abgeschafft
Internat	Studenten- oder Lehrlingswohnheim
Jugendweihe	sozialist. Konfirmations bzw. Kommunionsersatz
Kabinett	Fachlehrräume
ML	Marxismus-Leninismus (nicht Mona Lisa)
Namensweihe	sozialistischer Ersatz für Taufe
Timurhilfe	kostenlose Hilfe von Schulkindern bei alten Leuten
Winkelemente	Fähnchen, Plakate für staatlich verordnete Jubelaktionen

Auf dem Lande

Agronom	Diplom-Bauer
Erntekapitän	Mähdrescherfahrer
Kolchose	gebräuchlich für LPG (aus dem Russischen)
Kombine	Mähdrescher
RVG	*Raufutterverzehrende Großvieheinheit* (auf gut deutsch: z.B. eine Kuh)

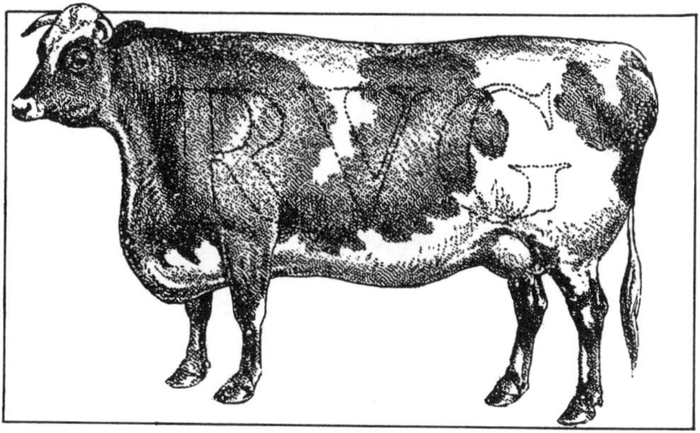

Sport

brettsegeln	surfen
Popgymnastik	Aerobic

Abkürzungen

Abkürzungen sind in der DDR überaus beliebt. Kein Lebens- oder Fachbereich, in dem es nicht vor Abkürzungen wimmelt. Hier nur die wichtigsten:

ABV	**A**bschnitts**b**e**v**ollmächtigter (Polizist, der für ein bestimmtes Wohngebiet zuständig ist) ironisch: **Kontaktbereichsbulle**
ADN	**A**llgemeiner **D**eutscher **N**achrichtendienst
AK	**A**ktuelle **K**amera (Nachrichtensendung im DDR-Fernsehen)
APO	**A**bteilungs**p**artei**o**rganisation der SED
BGL	**B**etriebs**g**ewerkschafts**l**eitung (eine Art Betriebsratsersatz)
DEFA	**De**utsche **F**ilm **A**kademie (in Potsdam Babelsberg auf dem alten UFA-Gelände)
DLK	**D**ienst**l**eistungs**k**ombinat (siehe *"Komplexannahmestellen"*)
DSF	**D**eutsch-**S**owjetische-**F**reundschaft (Organisation)
EOS	**E**rweiterte **O**berschule (entspr. Gymnasium, aber nur Klasse 11 und 12)
EVP	**E**nd**v**erbraucher**p**reis bzw. **E**inzelhandels**v**erkaufs**p**reis
FDGB	**F**reier **D**eutscher **G**ewerkschafts**b**und (war bis jetzt eigentlich mehr ein "Arbeiterreisebüro")
FDJ	**F**reie **D**eutsche **J**ugend (Jugendorganisation der SED)

GENEX	Geschenkdienst- u. Kleinexport GmbH (über diese Organisation konnte der reiche Bundi dem armen Zoni jede Art von Mangelware zukommen lassen)
HO	Handelsorganisation (staatl. Einkaufskette)
HOG	HO-Gaststätte
JP	Junge Pioniere (Kinderorganisation der SED)

Merke: Ju-Pis sind keine Yuppies...

KOM	Kraftomnibus
LPG	Landwirtschaftliche Produktionsgenossenschaft
M	Mark der DDR
MdI	Ministerium des Inneren *(Stasi)*
ML	Marxismus-Leninismus
MM	Leipziger Messe (*Muster-Messe)*

MOPS

Maschinenorientiertes Programmsystem

NEG	Naherholungsgebiet (Grünzone in Stadtnähe)
ND	Neues Deutschland (Tageszeitung ...)

Schlagfertig

Zwei Mücken stürzen mit Gebrüll
auf Max, der endlich schlafen will.

Max ignoriert das Mückenspray
und nimmt statt dessen das ND.

Da weiß er: Wenn er sie erschlägt,
sind sie vom Geist der Zeit geprägt.

Thomas Schirmer

NVA	Nationale Volksarmee
POS	Polytechnische Oberschule (für alle von der 1. bis zur 10. Klasse)
SV	Sozialversicherung
SVK	Sozialversicherungskasse
SV-Urlaub	'krank' sein ohne Krankheit
VP	Volkspolizei
VPKA	Volkspolizeikreisamt

Was ist, wenn das VPKA brennt?
- 'ne Bullenhitze!

VST	Verkaufsstelle (Laden)

die lockere Sprache des Alltags

– 'made in DDR'

Armee

abkeimen	sich verdrücken
aufkeulen	eine Armeekarriere machen
Asche **Fahne**	Armee (Nationale Volksarmee)
Bärenvotze	Pelzmütze
Batzen **Buckel** **Bunker** **Sackstand**	Offizier
Dachs **Glatter** **Sprutz**	Soldat im 1. Dienstjahr
Friedenstaube	Jagdflieger
Gammafromms	Schutzanzug (siehe auch *Frommser*)

Hängolin	potenzhemmendes Mittel, was angeblich den Soldaten in den Tee gegeben wird (abgeleitet von 'hängen') Armeeurlaub gab es im halben Jahr stolze 6 Tage!!
Kanten	Grenze
Kantenkuh	Grenzsirene
Kratzerplatte	Abzeichen für gute Leistungen
Lametta	Orden
Mugger	Infantriesoldat
Muggerbus	Panzer
Pferdedecke	Mantel
Syph	Essen
Tagesack **Tagesilo** **X-Ender**	Berufsunteroffizier

udo

Unser **d**ümmster **O**ffizier

die Freunde
die Russen — die in der DDR stationierte sowjetische Armee

Kraftverkehr Moskau — Autokolonne der *Freunde*

C & A
Kyrillische Zeichen auf Armeeautos: steht für *Sowjetskaja Armija*

Arbeit

Drücketismus — krank feiern

Faultierhaus — Betriebsverwaltung

Fitschies — abschätzige Bezeichnung für vor allem aus Vietnam geholte Arbeitskräfte

freimüssig — wenn etwas offiziell freiwillig ist, man es aber machen MUSS

grünes Urlaubsbuch	Sozialversicherungsbuch, das auch Arztbesuche und KRANKSCHREIBUNGEN eingeschrieben werden
KönigIn	BetriebsdirektorIn, KombinatsleiterIn
Maroditis	Überalterung der Industrie
Schapka	warme Arbeitsmütze
sibirischer Einreiher	Wattejacke
Stinkbude	Chemiefabrik
Urwaldschmiede	veralteter Betrieb
(rein)keulen **auf Schicht gehen** **rabotten**	arbeiten

Arbeitsmethoden:

Robinson-Methode:
warten, daß bald Freitag kommt

Passow-Methode:
Pass auf, daß du den Feierabend nicht verpaßt.

Das geht alles seinen sozialistischen Gang
Diese Antwort erhält, wer drängelt.
Nach dem Motto: Ruhig Blut. Hetz mich nicht.

Polizei

✶Offizielles:

Stempel	Verwarnungssystem, ähnlich der Punktekartei in Flensburg (allerdings ist bei 5 Stck. schon Schluß, und das wird für jeden Polizisten sichtbar in den Führerschein eingestempelt)

✡Slang:

Straßenförster **weiße Maus**	Verkehrspolizist
Bullenschaukel **Disco-Lada** **Gammlertaxi**	Polizeiauto
Fleppen **Pappe** **Lappen**	Führerschein
VauPe	Volkspolizei
VoPo	Volkspolizist
in den Kahn gehen	ins Gefängnis müssen
hinter schwedischen Gardinen sitzen	im Knast sitzen

Gastronomie

'Bitte warten, Sie werden plaziert'

Ein solches Schild dient nicht dem reibungslosen Bedienungsablauf, sondern dem Kellner, der keine Lust zum Bedienen hat und deshalb die Gäste gar nicht oder nur schleppend herein läßt, während das gesamte Restaurant leer steht. Aber das wird sich ändern...

Speisen:

✶ **Offizielles:**

Bäbe	Napfkuchen
Bämme	Brotscheibe
Ränftl	Brotende
Broiler / **Goldbroiler**	Hähnchen
Backs	Reibekuchen (so ähnlich)
Jägerschnitzel	dicke gebratene Wurstscheibe
Grilletta	'Hamburger'
Krusta	Pizza
Letscho	eingeweckte Paprika mit Tomaten
Soljanka	russische Gemüsesuppe mit Fleischeinlage
Sättigungsbeilagen	Kartoffeln oder Klöße
Stäbchenkartoffeln	Pommes Frites

✡ **Slang:**

Russen-Mon-cherie	ausgehöhlte Zwiebel mit Knoblauchzehe
Tote Oma	Blutwurst
Tiegelblutwurst	aus frischen Blut hergestelltes 'sächsisches Nationalgericht'
Knast haben	Hunger haben
reindrehen	essen

Das schmeckt wie Arsch und Friedrich!
das schmeckt nicht gut!

Zunge à la SED-PDS
(falsche Zunge,
Waldpilze, Erbsen,
Pommes frites)
M 8.20

Speisekarte
im Kulturhaus Pulsnitz (Sachsen)

Getränke:

✶ Offiziell:

Cuba libre	Wodka-Cola
Juice	Saft (besonders Orangensaft)
Limo	Limonade
Wodka-Juice	O-Saft mit Wodka

✰ Slang:

Badewanne	Curacao mit O-Saft
Blümchenkaffee **Muckefuck**	Malzkaffee
Erichs Krönung	Mischung aus Bohnen- und Gerstenkaffee offiziell: *Mocca-fix*
Grüne Witwe	Curacao mit O-Saft
Hefe	Bier
Hefe pressen	Bier trinken
Kali	Abk. für **Ka**ffee**li**kör

Kiwi	Abk. für **Ki**rsch**wi**sky
Kumpeltod **Wismutfusel**	billiger Bergarbeiterschnaps
Genosse Lunikow **Russ. Wasserwaage** **Senkrechtstarter**	Wodka
Schlüpferstürmer	Wermut oder süßer Likör
Sterbehilfe	Zwickauer Biere
Soforttod	Zwickauer helles Bier
Tod in der Flasche	*Karena* Fruchtsaft
Schluckspecht **Thekenschwamm**	Säufer
Wodkastandarte	Schnapsfahne

Was den Biergenuß betrifft, so war die deutsche Einheit wohl noch nie in Frage gestellt.

Auf Festen und Feierlichkeiten jedoch sind Wodka oder Korn erstaunlich beliebt und die Trinkfestigkeit ist bei weitem nicht nur Männer-, sondern auch Frauensache.

sich die Lampe ausschießen **sich die Rübe glattmachen**	sich betrinken
rattel zu sein **rotze-tot-und-zu steif sein** **rund wie ein Buslenker sein**	besoffen sein
pietschen	viel, aber genüßlich trinken

Discos

✶ Offizielles:

Schallplattenalleinunterhalter	Discjockey

Bislang von der FDJ organisiert. In städtischen Discotheken oftmals kein Einlaß mit Jeans, sondern nur in 'ordentlicher' Bekleidung. Die Discos auf den Dörfern sind lebendiger und zwangloser.

✫ Slang:

Da die SED nicht nur die Wirtschaft, sondern auch die Freizeit allgegenwärtig und unzulänglich organisiert hatte, blieb nur der Rückzug ins Private. Positive Nebenwirkung: Die Kunst, schnell eine Fete mit möglichst vielen Freunden und Bekannten zu organisieren und genußvoll zu feiern, ist stark ausgeprägt.

Ordnungsgruppe	von der FDJ organisierte Rausschmeißer
Bummidisco	Disco im Jugendclub (*Bummi* = Kinderzeitung)
Kindings	Jugendliche
Preßluftschuppen	Disco
Truppe	Clique
zucken	tanzen
Kaschemme **Pinte** **Stampe**	Kneipe

Restaurants

Beim Befragen unserer DDR-Freunde, wieviele Spezialitätenrestaurants sie in der gesamten DDR kennen, erhielten wir folgende Antwort: *"Viele. - Mindestens vier."*

Es gibt schon ein paar mehr - aber die deutsche Küche ist die Regel. Scenelokale oder -kneipen gibt es (noch) nicht.

✶ Offizielles:

Gastronomische Einrichtung	Restaurant
Klubgaststätte	Kneipe in einem Neubaugebiet
Objektleiter	Kneipenchef
Würstchen-Stände	Sozialistisches Fast-Food:
Imbiß-Buden	
Broiler-Bar	(= Hähnchen-Grill)
Krusta-Stube	(= Pizza-Stube)

✶ Slang:

Freßwürfel	sozialistische Speiseeinrichtungen (z.B. Mensen, Kantinen, Restaurants in FDGB-Ferienobjekten...)
Servierfläätz	Kellner

Einkaufen

Der tägliche Einkauf steht im Energieaufwand dem Hochleistungssport keinesfalls nach: Man rennt zu Fuß mit schweren Einkaufsnetzen von Geschäft zu Geschäft und kauft nicht, was man will, sondern was es gerade gibt. Dabei verhungert man keinesfalls - doch wer im Obst- und Gemüseladen jahrzehntelang immer nur zwischen Rotkohl und Weißkohl wählen konnte, der entwickelt eine zwangsläufige Sucht nach diesen legendären gelben Früchten, die Bananen heißen...

Offiziell:

Warenmuster
unverkäufliches Muster zum Füllen der Schaufenster

Auslaufventil
Wasserhahn

Buchungsautomat
Computer

Figurenkarussell
Weihnachtspyramide

Schokoladenhohlkörper
Schokoladenweihnachtsmann

Geschenksackträger
Weihnachtsmann

Schmuckbaum
Weihnachtsbaum

Jahresendflügelpuppe
Weihnachtsengel

Frühjahrsschokoladenhohlkörper
Osterhase

Ladenbezeichnungen

Centrum	Kaufhauskette der *HO*
Delikat kurz: **Deli**	überteuerte westliche Lebensmittel für Ost-Mark (nix Frisches) ("**D**ein **E**inkommen **l**angt **i**m **K**ommunismus **a**cht **T**age")
Exquisit kurz: **Ex**	überteuerte westliche Kleidung für Ost-Mark (nix Modisches)
Getränkestützpunkt	Laden, der nur Getränke (alkoholische und nichtalkoholische Getränke) führt
HO	Handelsorganisation = staatl. Ladenkette
Jugendmode **(JU MO)**	staatliche Ladenkette für Jugendbekleidung

Komplexannahme-stelle	Dienstleistungsladen (seine Komplexe kann man hier leider nicht loswerden, aber Reparaturbedürftiges - außerdem Schneideraufträge, Filmentwicklung uva.)
KONSUM (das 'u' wird kurz gesprochen)	'Konkurrenzunternehmen' zur *HO!* ("**K**annste **o**ch **n**och schnell **u**msonst **m**itnehmen")
Menü-Laden	'Delikatess'- und Fertiggerichte
Verkaufsstelle (Abk.: **VST**)	Laden
Vitaminbasar **Vitaminbar** **Vitaminquelle** **Fruchthalle**	Obst- und Gemüseladen (eigentlich mehr ein 'Saftladen')

✡ Slang:

bück-dich-Ware — Mangelware für die Kunden erster Kategorie, die unter dem Ladentisch hervorgeholt wird

Rentner-Golf — Rollwägelchen mit Einkaufstasche

sozialistische Wartegemeinschaft — Schlange vorm Geschäft

organisieren — was man nicht im Laden kaufen kann, muß über Verwandte und Bekannte *'organisiert'* oder über Anzeigen gesucht werden

Komme gleich wieder! wg. Inventur geschlossen!
die beiden bislang beliebtesten Türschilder

Beim Verlassen eines Kaufhauses fühle ich mich oft wie durch den Mangel gedreht.

Geld

Alu-Chips **Möpse** **Penunsen**	} DDR-Mark
ein Pfund	ein 20-Mark-Schein (DDR-Mark)

umrubeln
illegaler Geldwechsel

suche / biete blaue Fliese
(*blaue Fliese* war das Codewort für einen 100-DM-Schein)

biete Kofferradio - echt i./imp.
(für *"Import"* aus BRD)

Autos und Motorräder

Offiziell:

Zweiradmobile	Mopeds und Motorräder
Schwalbe **Star** **Habicht** **Spatz** **Sperber**	Mopedtypen

Der Trabant, der bislang in der DDR (wie alle dort einst käuflichen Autos) durch Preishöhe und Wartezeiten bis zu 15 Jahren ein echtes Luxusgut war, ist mit Grenzöffnung schlagartig vom Publikumsliebling zum Ladenhüter mutiert. Gebrauchte Westwagen kaufen ihm den Schneid ab - in der Bundesrepublik dagegen wird er schon fast zum Sammlerobjekt und die bundesdeutsche Spielwarenindustrie liefert ihn als Tretauto (wesentlich kostengünstiger als das Original - zumal dies auch meist geschoben werden muß...).

Ich darf's mit dem Onkel in Zscherben
auf keinen Fall jemals verderben.
Er hat zwar kein Land,
doch für den Trabant
könnt' ich mal die Anmeldung erben.

Wolfgang Scholz

✡ **Slang:**

Asphaltblase **Gehhilfe** **Hutschachtel** **Karton de Blamage** **Leukoplastbomber** **Pappe** **Plastikbomber** **Rennpappe** **Überdachte Zündkerze** **Westsächsischer Lumpenpreßling** **Zwickauer Flüchtlingskoffer**	Trabant (Trabbi)
Kugelporsche **Rundgelutschter**	*Trabant 500* ("das ältere Modell")

▶Was denkt ein Trabantfahrer, der beim Aussteigen vergessen hat, den Gurt abzulegen?
- Er hätte einen Rucksack auf dem Rücken.

▶Wie sieht ein Trabant-Sport aus?
- Wie jeder andere Trabbi auch, aber mit einem Paar Turnschuhe im Kofferraum.

▶Hält ein Trabbi auf der Landstraße - vor ihm liegt ein Kuhfladen. Fragt der Kuhfladen den Trabbi: "Was bist denn du?" und der Trabant antwortet: "Ein Auto."
Darauf kontert der Kuhfladen:
"Na, wenn das so ist, dann bin ich eine Pizza."

▶ Wieviele Arbeiter werden zur Herstellung eines Trabants benötigt?
Zwei: einer zum Falten und einer zum Kleben.

▶Warum hat jeder Trabant serienmäßig eine heizbare Heckscheibe?
- Damit man beim allmorgendlichen Anschieben wenigstens keine kalten Hände bekommmt.

▶Fährt ein Trabant bei strömenden Regen an eine bundesdeutsche Tankstelle. Der Fahrer kurbelt das Fenster runter und sagt bittend:
"Zwei Scheibenwischer!"
"Okay", sagt der Tankwart, "dafür nehm ich ihn".

Balkanziege **Ceaucescus letzte Rache** **Karpatenschreck**	kleiner rumänischer Lieferwagen (besonders reparaturanfällig)
Elefantenrollschuh	*Fiat 500*
Sappo **Zappelfrosch**	*Saparoshez* (russisches Modell)
Rostquietsch **Sergej** **Soljankaschüssel**	*Moskwitsch* (russisches Modell)
Wolke	*Wolga* (eine Art russischer Opel-Rekord)
Schiff **Schlitten** **Hobel**	alter LKW
Saft **Sprit**	Benzin

der hat 'nen Fahrriemen
der ist fahrgeil

'nen heißen Riemen fahren
schnell fahren

aufwurzeln
rasen

'ne Sülze bauen
einen Unfall verursachen

Riemenrunde
Spritztour

PUTT-PUTT-PUTT. . .

Sure, a Trabi (26 h.p.) does not have the strength of a Porsche (250 h.p.). But all things considered, the plucky little car compares favorably with, say, a lawn tractor. The stats:

	Lawn tractor	Trabant
Horsepower	20	26
Passenger capacity	Driver only	Four (but sighted at border crossings with seven)
Availability	Immediate	15 years
Attachments	Snow thrower	Map of West Germany
Biggest drawback	No trunk for groceries	No groceries to put in trunk
Special feature	Side bucket for grass clippings	Rear-window defroster (to keep hands warm when pushing it)

TIME Chart by Cynthia Davis

TIME, JANUARY 8, 1990

Unterwegs

Eisenbahn

✶ **Offizielles:**

Doppelstockzug	diese Waggons bestehen aus zwei Etagen
Karlex	Expresszug der Deutschen Reichsbahn (*Berlin - Karlovy-Vary*)
Interhotel **Intershop** **Intertank ...**	und manche war'n schon *INTER-KRANK*

✡ **Slang:**

Mumienexpreß	so nannte man die Züge in die Bundesrepublik, so lange nur Rentner reisen durften
Road-Runner	Schienenersatz-Busse
Schiene	Bahnhofsrestaurant (*MITROPA*)
Schotterschutz	Bahnpolizei
Taigawolf	sowjetische Diesellok
Zitteraal	Züge von Westberlin ins Bundesgebiet (ohne Halt in der DDR)

Bauwerke und Orte

Ballast der Republik **Lampenladen Mitte** **Palazzo Protzo**	Palast der Republik in Berlin
Nuttenbrosche	gold-bunter Brunnen auf dem Alexanderplatz in Berlin
Bulettenspieß **Protzkeule** **Telespargel**	Fernsehturm in Berlin
Tränenpavillon	Grenzübergang *Bhf. Friedrichstraße* (Berlin)
Volvograd	Regierungsviertel in Berlin (Dienstfahrzeuge von Volvo)
Bemmbüchse **Blechbüchse** **Proletengrill**	*Konsument*-Warenhaus in Leipzig
Runde Ecke	ehem. Stasi-Gebäude in Leipzig
Blaues Wunder	alte Elbbrücke in Dresden
Weisheitszahn	Uni-Hochhaus in Leipzig
Kusselwiese	Flughafen Bln. Schönefeld (wg. der Bruderküsse für die dort landenden östlichen Staatsmänner)
Nischelgasse **Schädelallee**	*Karl-Marx-Allee* in Karl-Marx-Stadt

Demo - Sprüche:

FDGB – unsere Neue Heimat

Parteimachtmonopol macht hohl

Visafrei bis Hawai

360-Grad-Wende?

Privilegien für alle

Kein Artenschutz für Wendehälse

Honi war jut, Egon ist jut – allet wird jut

Unbekrenzte Macht den Räten

Laßt Euch nicht verwenden

Stalin entsorgen

Rücktritt ist Fortschritt

Pässe für alle – Laufpass für die SED

Gummiknüppel zu Quietschenten

Stasi in die Produktion,
nur für Arbeit gibt es Lohn

Macht die Volkskammer zum Krenz-Kontrollpunkt

Mein Vorschlag für den1. Mai:
Die Führung zieht am Volk vorbei

Erich währt am längsten

Blumen statt Krenze

Wir haben Euch lange genug GENOSSEN

Bei SED und FDJ saßen Sie in der letzten Reihe

Krenz(en)lose Demokratie

Wenden nicht winden

Lieber eine Wanze im Bett als eine in der Steckdose

Wir brauchen Architekten statt Tapezierer

Wandlitz zeig dein Anlitz

Mindestrente für abgesetzte Funktionäre

Die Mauer im Kopf muß weg

Erst Taten, Egon – dann lächeln

Es geht nicht mehr um Bananen,
jetzt geht es um die Wurst

Sägt die Bonzen ab, schützt die Bäume

Alltag

abkindern	Erlassen der Rückzahlung des Familienkredits durch die Anschaffung mehrerer Kinder
Arbeiterwohnregal	Neubaugebiet
Arbeiterschließfach **Hasenstall**	Wohnung im Neubaublock
Bungalow **Datsche** **Laube**	Wochenendhaus
Feierabendbrigade	genehmigte Schwarzarbeit im Team
Heule	Kofferradio
Kinderkombinat	offiziell: *Kinderkombination* (=Kindergarten und Kinderkrippe in einem Gebäude)
Zentrales deutsches Fernsehen - außer Raum Dresden	ZDF/ARD (um Dresden kann man kein Westfernsehen empfangen)
Tal der Ahnungslosen	Gegend um Dresden (da gibt's kein Westfernsehen)

elchisch, keimig, absolut

Die Slangausdrücke werden von DDR-Jugendlichen mit relativ großer Selbstverständlichkeit untereinander benutzt (wir sollten da vorsichtiger sein - siehe Kapitel 'Zum Geleit'). Woran es liegt, daß die Sprache bei ihnen etwas derber ist, kann nur vermutet werden: das Grau des Alltags und die Arbeitsbedingungen motivieren nicht gerade zu 'stilvollem' Ausdruck.

abfassen	bekommen, erhalten
abkeimen	sich verdrücken
abnicken	sich auf Arbeit ausruhen
ablachen	über etwas lachen
jmdn. austakten	jmdn. austricksen
jmdn. belegen	jmdn. beschimpfen oder nerven
das ist fakt	das ist so, und nicht anders
das fetzt	das ist toll
da haste wahr	da hast du recht
einen Aufriß machen	viel Lärm um Nichts machen

einen Lenz haben	Glück haben
Massel haben	Glück haben
s. einen Lenz machen	sich die Arbeit bequeme machen
elchisch **verschärft** **kundigst** **absolut**	prima, sauber, super!
keine Mauke haben	keine Lust haben
mach das Brett zu	mach die Tür zu
keimig	siffig
Ohr an Masse legen	mal ’ranhören
jmdn. ein Ohr abkauen	jmdn. bequatschen
sich einen Fetten machen	es sich richtig bequem / gemütlich machen
sich einen Kopf machen	nachdenken
urst	irre
urst laut	irre laut
urst groß	irre groß
usw.	

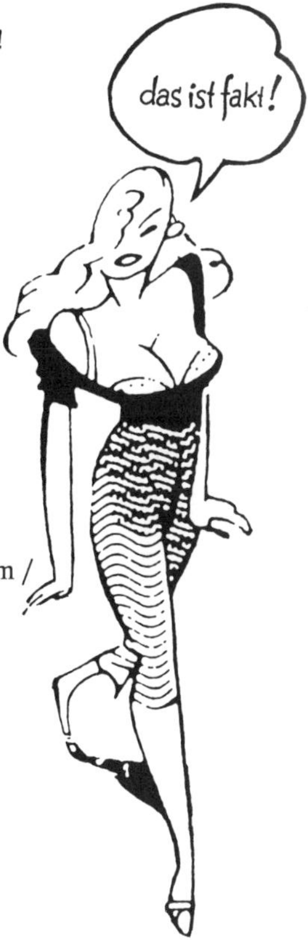

Körperteile

Sensen **Gehfäden** **Gichtruten** **Kackständer**	Beine	**Lauscher** **Löffel**	Ohren
Latschen **Bodden** **Quadratlatschen** **Rennsemmeln** **Flossen** **Mauken** **Hessen**	Füße	**Kacker** **Kackerle** **Scheißer** **Scheißerle**	Gesäß
Zinken **Gurkenhobel** **Kolben**	Nase	**Suppenschacht**	Hals
Rübe **Möhre** **Nischel** **Omme** **Runkelrübe**	Kopf	**SV-Gebiß** (SV = Sozialversicherung)	dritte Zähne
Sabberleiste	Lippen	**Wanst** **Kessel** **Wampe** **Trommel** **Wanne**	Bauch
Luke **Schacht**	Mund	**Vorherz** **Ohren**	Busen
		große Ohren **ein mörderisches Holz vorm Haus** **eine dicke Rolle**	dicke Brüste
		Dosenöffner **Mösenkiller**	Penis, Schwanz

Beschimpfungen:

jmnd. belegen	beschimpfen
ätzend sein	nervend sein
völlig arschlos	völlig sinnlos
rumkotzen	übel gelaunt sein

Wer **'ne Gusche wie 'ne Dreckschleuder** hat, also ein loses Mundwerk, dem kann schon mal folgendes 'rausrutlutschen:

Du hast wohl 'nen Riß in der Schüssel!
- **'ne Hacke!**
- **'ne Scheibe!**
- **ein Ding an der Glocke!**
- **einen an der Klapper!**
- **Eumeln!**

Du hast doch 'nen Jagdschein!

Du bist doch gegen den Schrubber gerannt!
- **dumm wie ein Schrubber!**
- **dumm wie ein Sack Schrauben!**
- **dumm wie 'n Brot!**
- **dumm wie eine Malfa-Dreie!**
  (3 Pfd. Brot aus staatl. Großbäckerei)
- **zu doof, einen Eimer Wasser aus der Straßenbahn zu kippen!**

Der gehört nach Rodewisch
(*Rodewisch* = Ort bei Leipzig mit riesiger Irrenanstalt)

Dich ham'se wohl mit dem Klammersack gepudert
Du hast ja nicht alle Tassen im Schrank!

Du bist vielleicht 'ne Erbse
Du bist vielleicht 'ne Pfeife!

Auf all dies ließe sich antworten:

Ich bin doch nicht mit der Wurstbrühe hergeschwommen...
was so viel bedeutet wie:
Du unterschätzt mich, ich bin doch nicht dumm.

oder:
Mach 'ne Flocke
Hau ab
Mach ihn zu, den dummen Suppenschacht!
Halts Maul!

GALAMA

Mach kein Galama
Reg dich nicht auf!

so ein Galama / absolutes Obergalama!
so ein Quatsch / Durcheinander / Chaos!

Galamafürst	Chaot
Gasuhrenverkäufer **Pißbudenleo**	Angeber
Fläätz **Haksch** **Sauhacksch** **Strunk** **Runks**	ungehobelter Kerl
Kriepl **Lumich** **Mistpfützenkrebs**	boshafter Mensch
Lusche	jmd., der nichts wert ist
Asthma-Flocke	jmd., der fertig aussieht
Hungergott	jmd., der sehr dünn ist
Blinse **Duli** **Dummpaddel** **Dummbrett** **Mährsack** **Nieselpriem**	Einfaltspinsel
Plaatsch	Tolpatsch
Winseltüte	Jammerlappen
Bagage (= *Bagaschä*)	üble Leute, Pack

Bucht **Blase**	unliebsame Gruppe von Leuten
Dunsel **Trane**	langsame Menschen
Pampel **Hauspampel**	einer, der nix zu melden hat
Gipskopf	Holzkopf
Luderbein **Schladrich** **Schlumich**	Luder

Zwischengeschlechtliches

Er über sie

Hutblume **Kirsche** **Kusselperle** **Perle** **Sahnetörtchen**	tolle Frau
Braut **Dose** **Gesichtseimer** **Käthe** **Tussi**	weniger tolle Frau
Nachtjacke **Trane**	langweilige Frau
die ist scharf wie eine Russensense **Naßzwicklerin**	"heiße" Frau
geile Alte **Mistficke**	Frau, die mit jedem ins Bett geht
Schickse **Zippe**	unangenehme Frau
Briezel, Seefenfrieda	einfältige Frau

Sie über ihn

Kraft **Kunde** **Type**	} netter Typ
Schnackrich **Heinz** **Watzlav**	} Blödmann
Tripperkönig **Unterleibsvagabund**	} einer, der ständig die 'Mädels' wechselt
Lustgreis	geiler Alter
Klebarsch	einer, der nicht wieder geht

und sonst noch:

Innenschenkelarie	Geschlechtsverkehr

Arie

vielseitig einsetzbares Wort, für: Problem, Quatsch, Mist z.B.: Hör bloß auf mit der Geldarie! = Ich will nicht mehr über Geldsorgen reden!

Frommser **Gummifuftscher** **Lümmeltüte**	} Kondom

geil wie Schifferscheiße

scharf wie Nachbars Lumpi

Weiterführende Literatur

Zwei Büchlein, die sich mit ähnlicher Thematik beschäftigen:

- **Plaste und Elaste, ein Deutsch-Deutsches Wörterbuch,** Haude und Spener, Berlin 1988, DM 9.80, 98 Seiten

- **Trabbi, Telespargel und Tränenpavillon,** das Wörterbuch der DDR-Sprache, Wilhelm Heyne Verlag, München 1986, DM 6.80, 240 Seiten

Beide Bücher sind alphabetisch geordnet, was zwar das Finden einzelner Begriffe erleichtert, das Lesevergnügen aber nicht unbedingt fördert. Beide bieten größtenteils das offizielle Partei-Chinesisch, das heute vom Aussterben bedroht ist.

- **Kleines sächsisches Wörterbuch,** C.H. Beck, München 1987, Lizenzausgabe von VEB Bibliografisches Institut, Leibzig 1986, DM 24.00, 235 Seiten

Dieses Wörterbuch verzeichnet mehr als 3000 Wörter aus dem Dialektwortschatz des alten Landes Sachsen. Interessantes Buch, das auf populärwissenschaftlicher Ebene sächsisches Vokabular auflistet und erläutert.

Heike Wiest
Tobias Büscher

Madrid

und Umgebung

200 Seiten, DM 24.80
ab Mai 1990
im ***Peter-Rump-Verlag***

Madrid, international längst als eine der lebhaftesten und bewegtesten Städte der Welt gepriesen, zieht heute Millionen von Besuchern an. Und wer länger als zwei, drei Tage bleibt, fühlt sich hier schneller wohl als irgendwo sonst.

Im Zentrum Spaniens auf der kargen Hochebene gelegen, vereint die Landeshauptstadt das ganze kulinarische Spektrum spanischer Küchen, die besten Stierkämpfer, ein aufregendes Nachtleben und vieles mehr.

Die Metropole ist gastfreundlich, tolerant, offen und hält in ihrer Vielfalt jeden in Schwung. Die pulsierende *Gran Via*, riesige Banken- und Einkaufskomplexe an der kilometerlangen *Paseo de la Castellana* stehen im Kontrast zu winzigen, verwinkelten Gässchen des mittelalterlichen Madrids. Volkstümlichkeit lebt dicht neben modernem Zeitgeist. Wer Madrid kennenlernt, dem fällt es schwer, wieder abzureisen.

Dieses Handbuch bietet dem Madrid-Kenner ebenso wie dem Madrid-Kennenlerner unzählige praktische Tips und Hintergrundinformationen für den Aufenthalt. Es zeigt Berühmtes und ganz Verstecktes in der Stadt und beschreibt empfehlenswerte Ausflüge zum Baden, zum monumentalen *El Escorial* und in kleine kastilische Dörfer der Umgebung.

Inhalt

- detaillierte Beschreibungen der interessantesten Stadtteile (mit genauen Detailplänen) mit ihren Sehenswürdigkeiten,Unterkünften, Läden Restaurants
- nützliches Vokabular für die Verständigung im Taxi, auf der Bank, im Hotel, beim Einkaufen usw.
- Vorschläge für Stadtrundgänge
- wissenswerte Hintergrundinformationen zu Stadt und Land
- interessante Ausflüge in die Umgebung

Gabriele Kalmbach

Paris
und Umgebung

250 Seiten, DM 24,80
ab Juli 1990

im ***Peter Rump Verlag***

Paris, international als eine der interessantesten, schönsten und gegensätzlichsten Metropolen der Welt gepriesen, zieht jährlich Millionen von Besuchern an. Und wer hier nur ein oder zwei Tage bleiben will, merkt schnell, daß die Zeit nicht reicht.

Im Zentrum Frankreichs gelegen, ist diese Stadt Mittelpunkt der französischen Welt, der Kultur, der Wissenschaft, der Kunst, des Konsums und des Amüsements.

Das Handbuch von Gabriele Kalmbach bietet dem Paris-Kenner ebenso wie dem Paris-Kennenlerner unzählige praktische Tips und Hintergrundinformationen für einen erlebnisreichen Aufenthalt auf eigene Faust. Es zeigt Berühmtes und ganz Verstecktes in der Stadt und beschreibt empfehlenswerte Ausflüge in die nähere Umgebung.

- detaillierte Beschreibungen der interessantesten Stadtteile (mit genauen Detailplänen) mit ihren Sehenswürdigkeiten, Unterkünften, Läden, Restaurants
- nützliches Vokabular für die Verständigung im Taxi, auf der Bank, im Hotel, beim Einkaufen usw.
- Vorschläge für Stadtrundgänge
- wissenswerte Hintergrundinformationen zu Stadt und Land
- interessante Ausflüge in die Umgebung

Register

Auf den folgenden Seiten findet ihr ein alphabetisch geordnetes Verzeichnis der meisten Begriffe, die in diesem Buch vorgekommen sind. Es soll dem behilflich sein, der einen Ausdruck in irgendeinem Zusammenhang gehört hat, aber nicht weiß, was er bedeutet. Hinter jedem Wort steht die Seitenzahl, auf der ein Ausdruck mit diesem Wort auftaucht. Kommt ein Wort in mehreren Ausdrücken vor, stehen mehrere Seitenzahlen dahinter.

A

abfassen 68
abkeimen 39, 68
abkindern 67
abkräbln 18
ablachen 68
abnicken 68
abputzen 18
absolut 69
Absolventenlenkung 34
ABV 36
ADN 36
Ärdäbbl 14
ätzend 71
Agitprop 29
Agronom 35
Ahnungslose 67
AK 36
Aktivist 29
Alte 75
Alu-Chips 56
andalfern 18
anhübschen 18
APO 36
Apparatschik 24
Arbeitererfinder 29
Arbeitermacht 28
Arbeiterschließfach 67
Arbeiterstandbild 24
Arbeiterwohnregal 67
ARD 67
Arie 76
Arsch 46
arschlos 71
Asch 14
Asche 39
Aschkuchen 14
Asphaltblase 58
Asthma-Flocke 73
Aufgebot 27
aufkeulen 39
Aufriß 68
aufwurzeln 60
Auslaufventil 52
austakten 68

B

babbeln 18
Babeln 18
Babuuschen 14
Backs 45
baddalschen 18
Badewanne 47
Bäbe 45
Bämme 45
Bärenvotze 39
Bagage 73
Balkanziege 60
Ballast 63
Bandidln 14
Basbrich 14
Batzen 39
Bauernmacht 28
Bauschaffende 29
bedebbert 18
belegen 68, 71
Bemmbüchse 63
Berufsjugendlicher 24
Betonriege 24
Betriebskampfgruppe 29
BGL 36
Blämbe 14, 17
Blamage 58
Blase 74
Blauhemd 34
Blechbüchse 63
Blinse 73
Blümchenkaffee 47
Bodden 70
Böbbermumbe 10
Bonbon 24
Bonbonträger 25
borborisch 21
Braut 75
Brett 69
brettsegeln 35
Briezel 75
Brigade 29
Broiler 45, 51
Brot 71
Bruderkuß 27
Bucht 74
Buchungsautomat 29, 52
Buckel 39
bück-dich-Ware 55
büschen 18
Bulettenspieß 63
Bullenschaukel 43
Bummi 50
Bummidisco 50
Bungalow 67
Bunker 39
Buslenker 49
Butike 21

C

Ceaucescu 60
Centrum 53
chemisieren 29
Cuba libre 47

D

Dachdl 14
Dachs 39
Datsche 67
DEFA 36
Deli 53
Delikat 53
Demelee 14
Demo 64
didschen 18
Dienstleistungskombinat 36
Ding 10
dinge 18
Disco-Lada 43
Diskussionsbesamer 25
DLK 36
Doppelstockzug 61
Dose 75
Dosenöffner 70
draaschen 18
Dreckschleuder 71
Drücketismus 41
DSF 36
dudeln 18
Duli 73
Dummbrett 73
Dummpaddel 73
Dunsel 74

E

Ecke 63
Einreiher 42
einrennen 18
Einrichtung 51
Elaste 29
elchisch 69
Elefantenrollschuh 60
Endverbraucherpreis 36
EOS 36
Erbse 72
Erdmöbel 9, 33
ermäckern 18
Erntekapitän 35
Eumeln 71
EVA 29
EVP 36
Ex 53
Exquisit 53

F

fänsen 18
Fahne 39
Fahnenappell 34
Fahrriemen 60
fakt 68
falten 24
Faultierfarm 25
Faultierhaus 41
FDGB 36, 64
FDJ 36, 49, 65
Feierabendbrigade 67

Fetten 69
fetzen 18, 68
Ficke 21
Figurenkarussell 52
Firma 25
fisbrich 18
Fitschies 41
Fläätz 73
Fläbbe 14, 15
Fleppen 43
Fliese 56
Flocke 72
Flossen 70
Flüchtlingskoffer 58
Flunsch 14, 15
freimüssig 41
Freßwürfel 51
Freunde 41
Frieden 9, 28
Friedenstaube 39
Friedrich 46
Frösi 25
Frommser 39, 76
Fruchthalle 54
Frühjahrsschokoladen-hohlkörper 9, 52
fürzeln 10, 21
Furzer 14

G

Gacksch 14, 15
gäfern 18
Galama 72, 73
Galamafürst 73
Gammafromms 39
Gammlertaxi 43
Gang 42
Gardinen 43
Gasuhrenverkäufer 73
Gegenplan 30
Gehfäden 70
Gehhilfe 58
geil 76
GENEX 37
Geschenksackträger 52
Gesichtseimer 75
Getränkestützpunkt 53
GHG 25
Gichtruten 70
Gipskopf 74
Glatter 39
Glocke 10, 71
Goldbroiler 45
Googlmoosch 14, 15
grädsch 18
Grädsche 18
grätig 18
Grilletta 45
Gummifuftscher 76
Gummiohr 9, 25
Gurkenhobel 70
Gusche 71
Gutster 21

H

Habicht 57
Habschn-Babschn 14, 16
Hacke 71
Hängolin 40
Haksch 15, 73
Hasenstall 67
Hauspampel 74
Havarie 30
heauf 18
Hefe 47
Heinz 76
Hessen 70
Heule 67
hinmachen 18
Hi-tra-brettl 14
Hitsche 14
HO 37, 53
Hobel 60
HOG 37
Holz 70
Honi 64
Hosenküche 14
Hudel 14
Hudl 16
Hufu 25
Hungergott 73
Husche 14
Huscher 14
Huthlume 75
Hutschachtel 58

I

ietzsch 18
i./imp. 56
illern 19
Innenschenkelarie 76
Interhotel 61
Internat 34
Intershop 61
Intertank 61

J

Jägerschnitzel 45
Jagdschein 71
Jahresendflügelpuppe 52
Jahresendprämie 33
Ja-Sager 25
JP 37
JUMO, 53
Jugendmode 53
Jugendweihe 34
Juice 47
Jupis 37

K

Kabinett 34
Kacker 70
Kackerle 70
Kackständer 70
Kader 31
Kaderabteilung 31
Kaderakte 31

KaderleiterIn 31
Kaderwelsch 31
käbisch 19
Kämpfer 25
Käthe 75
Kahn 43
Kali 47
Kampfauftrag 32
Kannibalenzeichen 24
Kanten 40
Kantenkuh 40
Karena 48
Karlex 61
Karpatenschreck 60
Karton 58
Kaschemme 50
keimig 69
Kessel 70
keulen 42
Kinderkombinat 67
Kinderkombination 67
Kinderkrippe 67
Kindings 50
Kirsche 75
Kiwi 48
Klammersack 72
Klapper 71
Klubgaststätte 51
knaadschen 19
Knast 46
Kolben 70
Kolchose 35
KOM 37
Kombinat 32
Kombine 35
Komplex 27
Komplexannahmestelle 54
KONSUM 54
KönigIn 42
Kontaktbereichsbulle 36
Kopf 69
Kraft 76
Kraftverkehr 41
Kratzerplatte 40
Krenz 65
Kriepl 73
Krönung 47
Krusta 45, 51
Kugelporsche 58
Kumpeltod 48
Kunde 76
kundigst 69
Kundschafter 9
Kusselperle 10, 75
Kusselwiese 63
Lametta 40

L

Lampe 49
Lampenladen 63
Lappen 43
Latschen 70
Laube 67
Lauscher 70
Lebarsch 76
Lebensfreude 28
leiern 19

Lenz 69
Letscho 45
Leukoplastbomber 58
Limo 47
Löffel 70
Lohntüte 33
lostigern 19
LPG 37
Luderbein 74
Lümmeltüte 76
Luke 70
Lumich 73
Lumpenpreßling 58
Lunikow 48
lunzen 19
Lusche 73
Lustgreis 76

M

M 37
Mäbse 15, 16
mähren 19
Mährsack 73
Mänkänke 15, 17
Märchenauge 24
Make 15, 16
Malfa-Dreie 71
MALIMO 32
Mangel 55
Maroditis 42
Masse 69
Massel 15, 16, 69
Mauke 15, 69
Mauken 70
Maus 43
mausen 19
MdI 37
Meester 21
Memfis 25
Menü 54
Merks 15, 16
miefen 19
mischugge 19
Mistficke 75
Mistpfützenkrebs 73
MITROPA 61
ML 34, 37
MM 37
MOPS 37
Möhre 70
Möpse 56
Mösenkiller 70
Moosch 15, 16
Moskwitsch 60
Muckefuck 47
Mugger 40
Muggerbus 40
muksch 19
Mumanz 15, 16
Mumbe 16
Mumienexpreß 61
Mumpe 15
Murks 15
muscheln 19
Muster-Messe 37
Muzel 15

N

Nachtjacke 75
nacksche 21
Namensweihe 34
Naßzwicklerin 75
Natschalnik 26
ND 38
NEG 38
Nieselpriem 73
Nischel 70
Nischelgasse 63
Nubbel 15
nuddeln 19
Nutsch 15
Nuttenbrosche 63
NVA 38

O

Obergalama 73
Objekt 32
Objektleiter 51
Ohr 69
Ohren 70
Oma 46
Omme 70
Ordnungsgruppe 50
Organe 27
organisieren 55

P

Päppermumpe 15
Palazzo Protzo 63
Pampel 74
Pappe 43, 58
Parteitag 25
Passow-Methode 42
Penunsen 56
Perle 75
Pferdedecke 40
pfitschnaß 19
Pfund 56
pietschen 49
Pinte 50
Pioniere 37
Pißbudenleo 73
Plaatsch 73
Plättbrett 15
Plaste 32
Plastikbomber 58
plazieren 44
poofen 19
Popgymnastik 35
POS 38
Prasdnik 26
pressen 47
Preßluftschuppen 50
Proletengrill 63
Protzkeule 63

Q

Q 32
Quadratlatschen 70
quark 20
quarken 19

R

rabotten 42
Rache 60
rafeln 19
rattel 49
Ra-zieh-glas 14
Räächn 16
Ränftl 45
reindrehen 46
Rennpappe 58
Rennsemmeln 70
Rentner-Golf 55
Riemen 60
Riemenrunde 60
Road-Runner 61
Robinson-Methode 42
Rodewisch 72
Rolle 70
Rostquietsch 60
Rotlichbestrahlung 26
rotze-tot 49
Rübe 49, 70
rübergemacht 22
rumfisbern 19
rumgeigeln 19
rumkotzen 71
rumquärgeln 19
rumquästern 19
rumrungsen 19
rumtaudeln 19
Rundgelutschter 58
Runkelrübe 70
Runks 73
Russen 41
Russen-Mon-cherie 46
Russensense 75
RVG 35

S

sabben 19
Sabberleiste 70
Sackstand 39
Sättigungsbeilagen 45
Saft 60
Sahnetörtchen 75
Saparoshez 60
Sappo 60
Sauhacksch 73
Schacht 70
Schädelallee 63
Schallplattenallein-
unterhalter 49
Schapka 42
Scheibe 71
Scheißer 70
Scheißerle 70
Schicht 42
Schickse 75
Schiene 61

Schiff 60
Schifferscheiße 76
Schlaatz 15
Schladrich 74
Schlitten 60
Schluckspecht 48
Schlumich 74
schlunzen 19
Schmuckbaum 52
Schmutzliteratur 27
Schnackrich 76
Schnubbe 19
Schokoladenhohlkörper 52
Schotterschutz 61
Schrauben 71
Schrubber 71
Schüssel 71
Schundliteratur 27
Schutzwall 28
Schwalbe 57
schwuchteln 21
Schwummse 15, 16
SED 65
Seefenfrieda 75
Senkrechtstarter 48
Sensen 70
Sergej 60
Servierfläätz 51
Socke 26
Soforttod 48
Soljanka 45
Soljankaschüssel 60
Spärrenzchen 15
Spatz 57
Sperber 57
Sprit 60
Sprutz 39
Stäbchenkartoffeln 45
Stampe 50
Star 57
Stasi 37, 65
Stempel 43
Sterbehilfe 9, 48
Stinkbude 42
Straßenbahn 71
Straßenförster 43
Strunk 73
Subbotnik 32
Sülze 60
Suppenschacht 70, 72
SV 38, 70
SV-Gebiß 70
SVK 38
Syph 40

T

tämbern 19
Tagesack 40
Tagesilo 40
Taigawolf 61
tambern 19
Telespargel 63
Thekenschwamm 48
Tiegelblutwurst 46
Timurhilfe 34
Tod 48
traatschen 19

Trabant 57
Trabbi 57
Tränenpavillon 63
Trane 74, 75
Tripperkönig 76
Trommel 70
Truppe 50
Tussi 75
Type 76

U

Udo 40
umrubeln 56
unbekrenzt 64
Unterleibsvagabund 76
Untertrikotagen 33
Urlaubsbuch 42
urst 69
Urwaldschmiede 9, 42

V

Valuta 33
VauPe 43
VEB 33
verbibbch 20
verblämbern 20
verbumfiedeln 20
vergackeiern 20
Verkaufsstelle 38, 54
vermooschen 20
verschärft 69
verschneiden 20
verschwummsen 20
verurschen 20
Vitaminbar 54
Vitaminbasar 54
Vitaminquelle 54
Volvograd 63
VoPo 43
Vorherz 70
VP 38
VPKA 38
VST 38, 54

W

Wäscheasch 15
Wahnsinn 7
wahr 68
Wampe 70
Wanne 70
Wanst 70
Warenmuster 52
Wartegemeinschaft 55
Wasserwaage 48
Watzlav 76
weeß 20
Weisheitszahn 63
Wendehals 26, 64
wichsen 21
Winkelement 34
Winseltüte 73
Wismutfusel 48
Witwe 47
Wodka-Juice 47
Wodkastandarte 48

Wolga 60
Wolke 60
Wunder 63
Wurstbrühe 72

X

X-Ender 40

Z

Zappelfrosch 60
ZDF 67
Zinken 70
Zippe 75
Zitteraal 61
zucken 50
Zündkerze 58
Zweiradmobile 57

Liebe Leser!

Wir haben uns zwar alle Mühe gegeben, aber daß dieses Buch vollständig ist, das wollen wir nicht behaupten. Aber es ist aktuell. Nur solche Ausdrücke haben wir aufgenommen, die heute gebräuchlich sind.

Aber wir möchten dieses Buch erweitern, und vor allen Dingen soll es aktuell bleiben. Dafür brauchen wir eure Hilfe! Täglich entstehen neue Ausdrücke, andere werden altmodisch. Teilt uns bitte weitere Wörter mit, die ihr auf eurer Reise hört. Schreibt uns auch, wo ihr sie gehört habt. Für verwertbare Ergänzungen zeigt sich der Verlag mit einem Freiexemplar der nächsten Auflage erkenntlich. Ihr erreicht uns über die Verlagsadresse.

WORT-FÜR-WORT

Wer eine fremde Sprache lernt, kennt das Problem: Neben neuen Vokabeln muß auch das fremde **Sprach-System** erlernt werden. Und das kann sich sehr vom gewohnten, deutschen unterscheiden. Oft ist die Wortstellung im Satz eine andere, oder Vor- bzw. Nachsilben drükken aus, wozu man bei uns eigene Wörter benutzt oder es treten noch andere Abweichungen auf. Um diese Sachverhalte einfachst durchschaubar zu machen, werden in allen **Kauderwelsch-Bänden** alle Sätze Wort-für-Wort übersetzt. Ein Beispiel aus dem Indonesisch-Band:

Berapa harga untuk kamar ini ? heißt:
"Wie teuer ist dieses Zimmer?"

Aber erst die Wort-für-Wort-Übersetzung gibt Aufschluß darüber, welche Vokabeln benutzt wurden und in welcher Reihenfolge:

"Wieviel Preis für Zimmer dieses?"

Im Buch sieht das dann so aus:

Berapa harga untuk kamar ini?
Wieviel Preis für Zimmer dieses?
Wie teuer ist dieses Zimmer?

Bin ich nun auf dem Markt, und will wissen, wie teuer z.B. Bananen sind, brauche ich in obigem Satz nur das Wort für Zimmer durch "pisang" (=Banane) ersetzten und schon versteht mich jeder.

Daß sich die wörtlichen Übersetzungen teilweise recht lustig anhören, liegt nicht etwa daran, daß in Kauderwelsch-Bänden "Baby-Sprache" vermittelt wird, sondern daran, daß fremde Sprachen eben oftmals völlig anders funktionieren. Die **Wort-für-Wort-Übersetzung** macht das transparent.

die Autorinnen

Elke Becker, Jahrgang 57

Ute Nestler, Jahrgang 64

Wir stammen beide aus der DDR, sind in der Nähe von Karl-Marx-Stadt (Chemnitz) aufgewachsen und haben dort studiert. Seit mehreren Jahren leben wir hier in der BRD: glücklich und zufrieden. Doch wir sind noch immer leidenschaftliche 'Grenzgänger', denn wir sind oft und gern in unsere alte Heimat zurückgefahren, um den Kontakt zu den dort lebenden Freunden und Verwandten nicht zu verlieren. Die spektakuläre Öffnung der Grenze bedeutete für uns ganz persönlich, diese jahrelang mühselig aufrecht erhaltenen Kontakte normalisieren zu können - eine gute Gelegenheit, sich in diesem Zusammenhang noch einmal mit dem 'anderen Deutsch' auseinanderzusetzen.

Bielefeld, Februar 1990

Von Elke Becker erschien bereits in der Kauderwelsch-Reihe der Band 7: *Russisch für Globetrotter*.